¡Dónde están!

Marcus Figorito

Traducción al español: José María Obregón

Rosen REAL READERS en español

Rosen Classroom Books & Materials
New York

El niño está arriba.

La niña está abajo.

La niña está adentro.

El niño está afuera.

La niña está encima de la trepadora.

La niña está debajo de la trepadora.

Palabras que debes saber

abajo

adentro

afuera

arriba

debajo

encima